L'HOMME

DE

VERSAILLES

Prix : 75 centimes.

BRUXELLES

COMPTOIR UNIVERSEL D'IMPRIMERIE ET DE LIBRAIRIE

Victor DEVAUX et Cie

26, rue Saint-Jean.

—

1870

L'HOMME

DE

VERSAILLES.

BRUXELLES

COMPTOIR UNIVERSEL D'IMPRIMERIE ET DE LIBRAIRIE

Victor DEVAUX et Cie

26, rue Saint-Jean.

—

1870

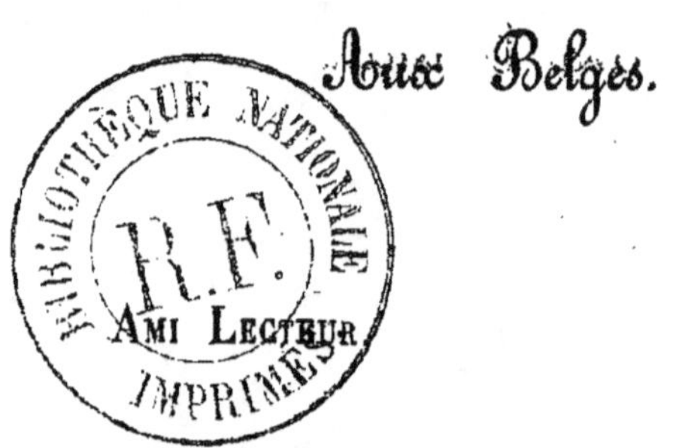

Aux Belges.

Si tu devais commencer ma brochure par la seconde partie, je te l'offrirais bravement, car les grands esprits qui l'ont écrite charmeront sûrement ton intelligence sérieuse.

Mais comme suivant l'usage tu vas débuter par ma prose, je te prie de la juger avec ton bon sens habituel, ta droiture et ton impartialité, me sachant gré de t'avoir gardé la meilleure part pour la fin.

Aux Français.

Mon cher Compatriote,

Si tu cherches dans ce livre la haine aveugle, l'injure grossière, l'insolence endiablée contre ton implacable ennemi, ferme-le, la grandeur de l'épreuve m'a trop douloureusement indigné pour flatter tes passions.

Chasse les vaines illusions, les rodomontades de ton esprit brillant; il est grand temps d'être sérieux, et tremble en lisant ces terribles invasions des barbares, que le sort de la Rome païenne ne devienne le tien, si ton orgueil ne s'abaisse devant la main qui le fustige.

« Courbe la tête, fier Sicambre, brûle ce que tu as adoré, et adore ce que tu as brûlé. »

Aux Allemands.

Si le hasard te fait ouvrir ma brochure, Germain, mon ami, ne te hâtes pas trop d'en médire.

Si faible que soit la voix qui crie gare à l'homme, près de se casser le cou dans l'obscurité, et si maussade que soit l'avis, il mérite toujours un merci.

Tu marchais si noblement dans la grande voie du progrès, qu'il est bien permis de gémir de l'aveuglement qui te pousse à suivre ton obstinée triade dans le chemin sanglant de la barbarie.

L'HOMME DE VERSAILLES.

Tandis que la France est une fois encore abusée par les trompeuses espérances de paix que les rusés ministres du roi Guillaume font de temps en temps luire à ses yeux, en calculant froidement ses fiévreuses pulsations, et que cette malheureuse nation continue sa courageuse résistance, jetons un coup-d'œil en arrière ; cherchant dans le passé quelque vague lumière, quelques consolantes espérances pour éclairer ce terrible présent, puisque à Dieu seul appartiennent les éclatantes révélations de l'avenir.

A cette heure suprême, où l'esprit de conquête se réveille chez les peuples germains, avec une violence d'autant plus dangereuse, qu'elle est servie par une organisation intérieure perfectionnée, et où tant d'excellents esprits, tant de plumes savantes et autorisées, cherchent dans les vices des constitutions nouvelles, le principe et la solution des luttes gigantesques qui menacent d'embrasser la terre entière, il n'est pas sans intérêt, de regarder sous l'œil de Dieu, et à la lumière de la foi, à travers les siècles écoulés, ces événements mystérieux qui ont fait l'effroi des générations passées, comme ils font encore aujourd'hui la terreur du monde moderne.

L'humanité se débat en vain sous la main de Dieu !

En vain fière de ses propres grandeurs, elle s'efforce de rejeter la pensée de l'intervention divine dans ses destinées. Plus que jamais Dieu lui fait sentir en cet instant, « qu'hommes et nations, ne sont que l'outil qu'il a formé pour ses desseins cachés, et auxquels il les fait concourir sans les leur révéler. »

En vain les audaces et les révoltes de l'esprit nouveau, à la suite de l'athéisme des jours anciens, s'efforcent d'arracher l'homme à cette loi de sa création.

En vain l'homme de Versailles, c'est-à-dire, cette triade d'esprits ambitieux, qui a nom sur la terre *le roi Guillaume, de Moltke, Bismark,* poursuit ses audacieux projets enfantés dans le délire de la victoire.

Si Dieu qui garde le secret d'inconcevables retours de fortune, jette dans la balance le poids de sa justice, leurs coupables espérances seront anéanties !

Se complaisant dans son autocratie souveraine, immuable, absolue, *l'homme du droit Divin,* laisse son *bras armé* plus froidement implacable encore que lui-même, s'appesantir dans sa science de destruction, écrasant l'univers de ses calculs profonds, de ses engins formidables, tandis que *la finesse, la ruse, l'habileté, l'adresse, la fatidique activité de la troisième essence* de cette complexe émanation, qui trône à Versailles, alimente sans cesse son action dévastatrice.

Ainsi dix-huit siècles ont passé, et voilà qu'en dépit

du progrès de la civilisation, des admirables découvertes de la science, de l'instruction répandue à grands flots sur les nations, les conditions intimes de l'homme sont restées les mêmes !

Le meurtre appelle toujours le meurtre ! Le sang, l'ivresse du sang, le triomphe, l'abus du triomphe ! Et ceux qui croient diriger les consciences humaines restent débordés et impuissants à retenir ceux dont ils ont excité les passions, pour en faire les terribles instruments de leurs folles ambitions, car ils sont eux-mêmes la proie de leurs égarements.

Celui qui sème les vents recueillera les tempêtes !

O peuple allemand, ô peuple français, quel spectacle vous donnez au monde épouvanté !

Dieu vous fit sortir tous deux, de cette grande race de Japhet, race noble par excellence, à laquelle a été confiée la mission providentielle de porter à un degré de perfection inconnu, les arts, les sciences et la philosophie.

Le christianisme vous avait appris la fraternité des peuples; race dominatrice de l'intelligence, vous étiez appelée à rajeunir le vieux monde, et voilà qu'après dix-huit siècles d'élévation morale, vous vous entre-déchirez de nouveau, comme une race de bêtes fauves !

L'imagination reculait épouvantée devant les monstruosités des premières irruptions germaniques, et voilà qu'elles sont dépassées en horreur, par le fait de celui qui se nomme lui-même, *le droit divin !*

Les lois de la guerre que les peuples avaient placées entre eux comme des remparts ne sont pas même respectées !

Ils semblent avoir oublié que l'indiscipline des esprits et des volontés n'est qu'un état de barbarie, et que les sociétés civilisées se sont posées des règles qu'on ne viole pas, sans soulever l'indignation universelle.

Aussi les nations se sont émues de tant de cruautés, et tremblant pour elles-mêmes, elles ont cherché à ramener la paix entre les frères égarés.

Mais *l'homme de Versailles* reste implacable et ses exigences perfides font retomber sur lui, aux yeux du monde, la responsabilité du sang versé !

Le christianisme avait fondé le respect de la vie humaine, et chaque jour travaillant à le détruire, *l'homme de Versailles*, jonche la terre de cadavres sanglants, sans même pouvoir s'abriter derrière le droit de la défense, ou celui des représailles, car son ennemie abattue, n'offre aucun motif réel à ses craintes.

Et n'est-ce donc pas d'ailleurs le propre des peuples incultes, et non celui des nations civilisées, de ne connaître aucune loi si sacrée, qui ne puisse être violée, aucun devoir qui ne cède à l'appât du butin, ou au plaisir des représailles.

Prussiens en France, et vous Français du Midi, ne sentez-vous donc pas que vous retournez à vos premiers instincts barbares ?

Avez-vous donc perdu toute notion du droit, vous qui

avez si souvent ce grand mot sur les lèvres, et qui en avez hélas! si peu gardé l'esprit dans vos actes!

Ce droit qui jadis donna aux peuples du Nord la puissance de créer un idiome pour maintenir l'ordre dans les idées, ne sera-t-il donc pas assez fort aujourd'hui, pour vaincre le désordre de vos passions violentes, et ne reconnaissez-vous donc plus d'autre droit que celui de la force?

Ambitieuse trinité, *homme de Versailles* qu'une victoire inespérée semble rendre maître des destinées du monde, auras-tu donc le pouvoir de repousser les peuples dans cette barbarie, d'où le sang du Christ a arraché tes ancêtres?

Tu disais, ô roi Guillaume, que tu ne poursuivais ta vengeance qu'à l'égard de l'empereur Napoléon et de sa dynastie, sans haine pour la nation française?

Les Napoléons sont tombés! rien n'a pu arrêter ta course sanglante, et pourtant le génie de la guerre, n'est plus le génie de la France, et à moins qu'affolée, elle ne suive ces conquérants nés pour son malheur, tu sais bien qu'elle n'aspire qu'à continuer les pacifiques conquêtes de la liberté des esprits?

Cette guerre ne devait être qu'un duel au premier sang, et voilà que tu as oublié qu'entre peuples et états, pas plus qu'entre combattants individuels, les lois de l'honneur ne permettent d'écraser l'ennemi tombé!

Ne crains-tu pas qu'un jour, quand avec l'aide de Dieu

le calme se sera fait, les épées allemandes ne rougissent de s'être, grâce à toi, trempées dans le sang d'un ennemi désarmé?

As-tu jamais songé à ce que répondrait l'histoire, lorsque tu invoquerais les nécessités de ta politique de conquête, pour avoir ainsi poussé au désespoir aveugle, une nation dont jadis tu te disais l'ami?

Triade de Versailles, il peut être bon d'humilier les hommes, mais jamais de les désespérer!

Est-ce au nom du Dieu de justice et de paix, que tu invoques si souvent, ô puissante trilgie, que tu achèves tes formidables préparatifs de destruction, et que tu vas commencer le bombardement du Paris héroïque qui refuse de t'ouvrir ses portes?

Penses-tu que l'avenir puisse t'absoudre de cette pensée digne des Barbares, qui aura mutilé les chefs-d'œuvres réunis dans cette capitale du monde civilisé que tu as encerclée de fer et de feu?

Le temps les avait épargnés, il t'avait donné une austère leçon; et ces trésors de science que Paris renferme n'appartiennent-ils donc pas au monde entier?

Si tu anéantis ces bibliothèques, ces musées, ces monuments arrachés à l'oubli, ces richesses exhumées des empires d'Assyrie et d'Égypte, ces merveilles accumulées par le génie français et qui sont l'apanage des intelligences, tremble d'être accusé, *homme de Versailles,* d'avoir dérobé le patrimoine intellectuel des générations présentes et futures!

Vingt fois il est vrai les Barbares ont saccagé Rome, mais crois-tu digne d'un roi chrétien, d'imiter leur exemple? ou vas-tu suivre celui d'Alaric devant la Rome païenne, lorsque frappé de sa majesté, il s'arrêta à ses portes, refusant de la livrer aux flammes?

Paris affamé, saccagé, pillé, ajoutera-t-il beaucoup à ta gloire?

Et qu'en, feras-tu, homme de Versailles, si ses murailles viennent à tomber sous tes coups?

Que feras-tu de Paris?

N'ayant pu vaincre la résistance héroïque des cœurs, livreras-tu Paris au feu?... Prends garde! le vainqueur périrait sous la honte!

Hélas, on dirait que la race germaine dont la triade de Versailles s'est fait la personnification, a retrouvé son ancienne insouciance du jugement de l'avenir!

Longtemps la langue de ces hommes du Nord ne connut pas même d'expression pour peindre les temps futurs, pas plus que les admirables élans de la charité, qui s'est pourtant si noblement implantée dans le cœur de leur nation; le propre des peuples barbares, est de se complaire dans l'indépendance absolue, qui s'affranchit des soucis du lendemain!

Mais il en est des nations comme des individus; toutes ont un caractère et une mission qu'elles accomplissent selon l'ordre de la Providence, et les Gaulois, et les Francs mêlant leur sang aux races latines, prenant leur idiôme, leurs mœurs, leur génie, ont été institués les gardiens des traditions de l'antiquité.

En vain les ennemis du christianisme voient dans ses dogmes et ses doctrines l'abaissement du genre humain, et espèrent flétrir dans ses membres l'Église du Christ, elle reste debout, s'enveloppant de son glorieux passé, de la barbarie vaincue, des arts et des sciences popularisés, des peuples émancipés, de l'héroisme d'hier encore de tous ses enfants, et elle défie l'avenir !

Le monde subit trois grandes luttes !

Celle de l'armée aveuglée de l'esprit du mal contre l'autorité, la guerre non moins terrible des peuples franco-germains, et cette lutte des intelligences arrachées aux bienfaits du progrès ; mais Dieu est là, il ne permettra pas que la civilisation périsse : au moment où tout semblera perdu, tout peut être sauvé, car la Providence est amie des surprises où elle montre la puissance de son gouvernement et la faiblesse du nôtre !

La barque divine ne saurait périr, et les flotilles qui marchent dans son sillage lumineux pourront subir la rage des tempêtes, un naufrage fictif ou temporaire peut-être, mais elles ne seront point submergées.

La nation chrétienne par excellence, la France si humiliée, si abattue, retrouvera sa gloire elle aussi, comme ses enfants des deux hémisphères, lorsqu'elle aura fait trève à ses dissensions intérieures.

La France devant pour prix de ses fautes, subir un châtiment, remettra peut-être aux nations assemblées, ces forteresses qui ont déjà coûté tant de sang; mais elle saura bientôt prendre une éclatante revanche, par quelqu'une de ces conquêtes de l'intelligence, qui font l'admiration de l'univers.

L'Évangile fait une loi de la perfectibilité humaine, elle veut qu'hommes et nations gravitent dans le progrès, non dans ce progrès matériel qui réhabilite les passions et prépare aux peuples « un enfer sur terre au bout d'un chemin de sang » ainsi qu'il a fait aujourd'hui, mais dans ce progrès né de l'inspiration chrétienne qui réside dans la victoire de l'esprit sur la chair et assure la paix du monde.

Souhaitons, espérons, que le vrai progrès se fera ! Alors il nous sera donné de voir, cette trinité *de la volonté, de la science, de l'adresse*, réunie à Versailles, se couronner de la justice, de la clémence et de la magnanimité !

Alors, après avoir vaincu sur les champs de bataille une grande nation trahie par le sort des armes, l'homme de Versailles, comprenant à un point de vue plus élevé ses véritables intérêts, saluera son héroïque ennemie et lui tendra la main pour l'aider à se relever, afin qu'elle soit prête à courir à son aide, si de nouveau, quelque jour, les hordes asiatiques venaient fondre sur l'Allemagne, endormie dans sa prospérité !

Il est temps de placer sous les yeux du lecteur quelques pages admirables, racontant les horreurs des invasions, et les espérances qui calmèrent les angoisses de nos pères, afin que lui-même, juge le présent !

Ce que la plume inspirée des pères de l'Église et celle d'Ozanam, écrivaient autrefois est l'histoire d'aujourd'hui.

Cette similitude nous prouve que l'homme ne peut concourir que comme instrument à ces grands changements qui bouleversent sa destinée, et que partout où domine la raison individuelle il n'existe rien de stable.

A chaque page nous serons forcés de reconnaître la triade de Versailles, et les conséquences terrifiantes de son ambition insatiable !

Mais nous reconnaîtrons aussi en lisant ces grands penseurs que, si terribles que soient les fléaux qui s'abattent sur le monde, ils ne sauraient dépasser ceux qui ont déjà atteint l'humanité.

Nos âmes se rassureront, elles chercheront leur point d'appui dans la prière, elles aspireront plus ardemment à Dieu, qui peut seul résoudre ce terrible problème suspendu comme un glaive sur la tête des nations.

Tout ce qui est différence de temps, disparait dans ce qui est du domaine de la puissance Divine.

Qu'importent les lois nouvelles, les droits nouveaux des peuples, les nouveaux engins de guerre, la science des batailles, Dieu est un stratégiste plus puissant encore que l'homme de Versailles !

Le ciel est engagé dans la lutte, et le doigt de Dieu pourrait bien se lever contre les envahisseurs, qui travaillent à ramener les peuples à la barbarie d'où sa volonté les a tirés !

Nous vivons dans des jours de colère et de sang, mais le christianisme qui nous porte en a traversé de plus terribles encore, levons donc sans faiblesse et sans découragement les yeux vers le ciel, nous tous qui souffrons, et attendons de lui notre salut !

O passi graviora, dabit Deus his quoque finem.

Nous avons passé par trop d'épreuves pour ne pas attendre de Dieu la fin de celle-ci.

Violence des invasions.

En même temps qu'on assiste à l'établissement pacifique des barbares, qui est le fondement légitime des États modernes, on voit commencer les irruptions violentes qui firent la ruine du monde ancien.

Il faut assurément suivre les progrès de cette infiltration lente qui introduisait les Germains en qualité d'alliés, de colons, de mercenaires sur tous les points de l'empire ; mais il ne faut pas méconnaître cette marche précipitée des peuples du Nord, échelonnés du fond de l'Asie jusqu'au Rhin, se poussant les uns les autres vers la limite Romaine et jetant par les brèches qu'ils y faisaient, les flots d'hommes qui ne respiraient que le carnage et la destruction.

Il ne faut pas dire que les contemporains s'abusent et nous trompent lorsqu'ils comparent les catastrophes dont ils sont témoins, à des inondations, à des incendies, à des tremblements de terre.

Les Barbares eux-mêmes savaient bien ce qu'il y avait de terrible dans leur mission. Ils s'annonçaient comme les fléaux de Dieu.

Alaric troublé par la vieille majesté de Rome, et craignant d'en forcer les portes, déclarait qu'une voix intérieure et puissante le pressait de renverser cette ville ; et Gaudéric mettant à la voile pour aller saccager l'Italie, ordonnait au pilote de se diriger là où était la colère du ciel !

Si les chefs de l'invasion le jugeaient ainsi, on doit voir autre chose que le langage de la prévention et de l'égoïsme dans les récits des spectateurs et des victimes.

Renfermons nous dans le 5me siècle ; parcourons l'Occident et nous ne trouverons pas de provinces qui n'aient été ravagées, *non sur quelques points, mais d'un bout à l'autre, non par des bandes peu nombreuses mais par des nations entières, animées d'une fureur qui n'épargnait ni les villes, ni les campagnes, ni les populations désarmées.*

La question vaut la peine de receuillir des témoignages et de les donner avec tous leurs détails, qui sont leur force, avec toutes leurs répétitions, qui sont la marque de leur unanimité.

Dès le commencement du 5me siècle, les Ripuaires avaient occupé Cologne et toutes les villes situées entre le Rhin et la Meuse. On peut juger de leurs ravages, par le tableau que fait Salvien de la ruine de Trèves, prise alors pour la troisième fois. La première cité des Gaules n'était plus qu'un sépulcre. Ceux que l'homme avait épargnés, n'échappèrent pas aux calamités qui suivirent.

Les uns mouraient lentement de leurs blessures, les autres périssaient de faim et de froid, et ainsi par divers chemins tous arrivaient ensemble au tombeau.

J'ai vu (dit l'historien Gildas), et mes yeux en ont soutenu le spectacle, j'ai vu des corps d'hommes et de femmes nus, déchirés par les chiens et les oiseaux de proie, étendus dans les rues, qu'ils profanaient.

L'infection des cadavres tuait les vivants, et la mort pour ainsi dire, s'exhalait de la mort.

En même temps le reste de la Gaule, était dévasté par la grande invasion des Suèves, des Alains et des Vandales qui franchissant le Rhin près de Mayence, détruisirent cette ville, passèrent au fil de l'épée plusieurs milliers d'habitants réfugiés dans l'église, ruinèrent *Worms*, prirent *Spire*, *Strasbourg*, *Reims*, *Tournay*, *Arras*, *Amiens* et traversèrent le pays dans toute sa longueur, pour se jeter sur la Narbonnaise et l'Aquitaine.

Si quelques places réussissaient à fermer leurs portes, elles voyaient le carnage au pieds de leurs murs, et la famine au dedans.

Les moissons, les vignes, les oliviers avaient péri par les flammes; les bêtes mêmes s'effrayaient de leur solitude, les oiseaux fuyaient ces lieux désolés; les ronces et les épines effacèrent la trace de tout ce qui avait vécu.

Le bruit de tant de ruines avait déjà porté l'épouvante en Espagne, quand les barbares passèrent les Pyrénées.

Les Suèves occupèrent le nord de la Péninsule, les Alains l'ouest, et les Vandales le midi.

Les habitants effrayés leur livraient les villes, les terres étaient divisées et tirées au sort.

La guerre menait à sa suite, toutes les horreurs de la peste et de la faim. Telle fut la détresse publique, s'il en faut croire la chronique de l'évêque Idace, que les hommes se nourrirent de chair humaine, et qu'il y eut des enfants mangés par leurs mères. En même temps les bêtes accoutumées à dévorer les morts commençaient à se jeter sur les vivants.

Toutefois il semble que les Vandales eussent jusque là contenu leurs fureurs, pour les décharger sur la dernière province où ils s'abattirent. Je veux dire l'Afrique.

Leur apparition sous les murs d'Hippone désola les derniers jours de St Augustin. Ce grand cœur ne tint pas à un spectacle si terrible, et il pria Dieu de le retirer d'ici-bas, plutôt que de la laisser témoin des maux de son peuple. « En effet. continue son biographe, il voyait les villes ruinées, les villages détruits, les habitants massacrés ou mis en fuite. Les uns avaient expiré dans les tourments, les autres avaient péri par le glaive, d'autres réduits en esclavage servaient des maîtres impitoyables. Ceux qui, échappant aux vainqueurs, s'étaient réfugiés dans les bois et dans des trous des rochers mouraient de faim et de misère.

De tant de cités puissantes qui faisaient la force de l'Afrique, Carthage, Hippone et Cirtha opposèrent seules quelque résistance. *Les Vandales furieux de rencontrer un obstacle, égorgeaient* chaque jour au pied des murailles des milliers de captifs, afin d'empoisonner l'air, et de vaincre les assiégés par la contagion.

Lorsque les Barbares s'acharnaient ainsi sur toute
les provinces, comment eussent-ils épargné l'Italie, l
plus riche pays de la terre, s'ils cherchaient le pillage
le plus coupable envers leurs aïeux, s'ils cherchaient l
vengeance ?

Dans l'espace de cinquante ans l'Italie essuya quatr
invasions : Celle de Radagaise et d'Attila, qui précipi
tèrent sur le nord de la Péninsule des hordes de deu
cent mille hommes ; celles d'Alaric et de Genséric qu
désolèrent le midi et saccagèrent Rome, l'un pendan
trois jours, l'autre pendant deux semaines. Sans doute
c'était trop peu de temps pour ravager la ville éternelle
Il y eut des quartiers livrés aux flammes, des égorge
ments, des viols, des spoliations ; on enleva jusqu'a
plomb des toitures ; mais les monuments restèrent de
bout.

Je ne sais quelle terreur religieuse mit un frein a
meurtre et au pillage. Toutefois les contemporains n
se firent pas d'illusions sur la grandeur de l'événement

Les idolâtres comprirent que toute la puissance tem
porelle de la cité de Romulus et de Numa avaient péri ; e
ils s'en prirent au christianisme.

Les chrétiens eux-mêmes furent étonnés ; St Jérôm
lui-même au fond de sa solitude de Bethléem écriv
cette lettre fameuse, où l'on sent bouillonner encore l
vieux sang romain :

« Un bruit terrible nous est venu d'occident : C'es
« Rome assiégée, les citoyens rachetant leur vie a

« poids de l'or, et ensuite pressés par un ennemi, qui
« après leurs biens, veut leurs vies ! Ma voix s'arrête
« et les sanglots étouffent les paroles que je dicte. Elle
« est prise la ville qui prit tout l'univers ! Que dis-je ?
« Elle meurt de faim, avant de mourir par le glaive ;
« à peine s'est-il trouvé un petit nombre d'hommes ré-
« servés à la captivité. La rage de la faim les a fait se
« jeter sur des viandes détestables, ils se sont déchirés
« les uns les autres ; on a vu la mère ne pas épargner
« l'enfant à la mamelle, et engloutir dans ses entrailles,
« le fruit qui venait d'en sortir ? »

St Jérôme continue, et dans l'égarement de ses douleurs, il épuise toutes les images, il confond toutes les
réminiscences, pour retracer une scène si lugubre. Il
emprunte à Isaïe la peinture de Jérusalem profanée par
les infidèles, et à Virgile le tableau de la ruine de
Troie. Son patriotisme ne s'explique pas la ruine de
cette ville, aussi sainte que celle de David, plus glo-
rieuse que celle de Priam.

Plus tard seulement, et dans un autre endroit, on
voit que le mystère se dévoile aux yeux du saint doc-
teur. Il comprend que toutes les expiations se soient
réunies, où s'étaient rassemblés tous les crimes, et que
le monde ancien tout entier ait été châtié dans la cité
même qui en était la tête. Mais cette vérité était dure
pour les esprits effrayés ; et il fallut que St Augustin,
Paul Orose, Salvien, écrivissent afin de justifier la Providence.

Il est vrai qu'on a plus d'une fois accusé d'hyperbole le langage des pères de l'Église, et c'est en effet le défaut de leur époque, d'avoir perdu cette sobriété d'expression qui marque l'âge d'or des littératures.

Mais on ne peut accuser ces grands hommes ni de dureté, ni de faiblesse, *ni de vouloir épouvanter les peuples pour les pousser à la pénitence;* au contraire, on les voit pressés d'étouffer leurs douleurs personnelles, et de ressaisir, au milieu du désordre de leur temps, la trace rassurante du plan Divin qui embrasse et explique tous les siècles. Gildas et Salvien, malgré toute leur fougue, sont si loin de calomnier les Germains qu'ils les comparent, qu'ils les préfèrent aux Romains dégénérés.

S. Jérôme en décrivant le sac de Rome, relève un trait d'humanité et de continence qui honore les vainqueurs. S. Augustin n'a pas d'autre pensée en écrivant la Cité de Dieu, que de rassurer les cœurs troublés ; et rien n'est touchant par exemple, comme les raisons qu'il trouve pour consoler les vierges chrétiennes déshonorées par les barbares. Paul Orose va plus loin, il démêle déjà parmi les ravageurs de l'empire les fondateurs d'une société nouvelle.

Quand donc des esprits si fermes sont ébranlés, quand ils ont besoin de toute leur foi, de toute leur sagesse pour soutenir l'épreuve on a lieu de croire qu'elle fut terrible. Et si l'on veut justifier la Providence, il faut s'y prendre comme eux, non pas en niant les horreurs de l'invasion, mais en les reconnaissant nécessaires, *c'est-à-*

dire méritées : en montrant dans les destructeurs de la puissance romaine les instruments d'un châtiment exemplaire, mais non pas en les dépouillant de leur caractère odieux comme on l'a essayé en Allemagne pour ranger Alaric, Radagaise, Genseric, parmi les bienfaiteurs du genre humain. Le gouvernement de Dieu fait comme tous les gouvernements sages ; il a des exécuteurs de ses justices, mais il ne les honore pas.

La barbarie des Germains était si violente au moment des irruptions, qu'elle résista longtemps encore au spectacle de la société policée, à ses lumières, à ses douceurs. Ne croyez pas le combat terminé quand les légions eurent abandonné le champ de bataille : jamais, au contraire, la lutte ne fut plus opiniâtre ; elle divisa les vainqueurs et mit la guerre dans leur camp.

Si les Francs, les Burgondes et les Goths se considérèrent comme les héritiers de l'empire, s'ils en défendent le territoire et en conservent les institutions, d'autres obéissent encore à l'impulsion qui les a précipités sur l'Occident pour en être les fléaux. Au Nord paraissent les Anglo-Saxons destinés à porter pendant cinq cents ans l'épouvante sur toutes les mers. Au centre on voit les Saxons, les Allemands, les Bavarois, qui ne laissèrent pas de repos aux rois Mérovingiens.

On peut se représenter la férocité de ces peuples par l'exemple d'une bande de Thuringiens qui, après avoir ravagé l'Austrasie, se retirait, emmenant en captivité deux cents jeunes filles. Poursuivis de près et désespérant sans doute de garder leurs prisonnières, ils écartelèrent les unes, ils clouèrent les autres à terre avec des pieux, et firent passer sur elles des chariots pesamment chargés. Enfin, dans le Midi, venaient les Lombards « cette cruelle nation, sortie de ses déserts comme le glaive sort du fourreau, pour faucher encore une fois la moisson de l'espèce humaine. » Ainsi les jugeait S. Grégoire, le grand témoin de leur invasion ; et plus tard, lorsqu'il voyait les bandes d'Agilulfe menacer Rome, il interrompait le cours de ses homélies sur Ezéchiel ; « car, disait-il, les cités sont détruites, les campagnes dévastées, la terre n'est plus qu'un désert ; les champs n'ont plus de cultivateurs, et les villes n'auront bientôt plus d'habitants. Que personne donc ne me blâme si je mets fin à ce discours, puisque nos tribulations se sont accrues sans mesure. *De toutes parts nous sommes entourés d'épées*, de tontes parts nous ne voyons que péril de mort. Les uns nous reviennent les mains coupées, et nous entendons dire que d'autres ont été mis à mort ou amenés en esclavage. Je suis contraint de suspendre l'exposition de la Divine Écriture, parce que désormais la vie m'est à charge. » Ne nous alarmons pas cependant, de ces paroles de découragement. C'est précisément saint Grégoire ce prêtre effrayé, qui entreprendra la conversion des Lombards et des Anglo-Saxons, et qui décidera par un coup si hardi, la soumission du monde Barbare.

L'histoire n'a pas de spectacle plus commun (dit ailleurs Ozanam) que celui de générations faibles succé-

dant aux générations fortes, des siècles destructeurs
venant après les siècles fondateurs, et, quand ils ne
croient faire que des ruines, préparant, sans le savoir
les premières assises d'une construction nouvelle. Quand
les barbares renversaient les temples de la vieille Rome,
ils ne faisaient que dégager les marbres dont la Rome
des papes a bâti ses églises. Ces Goths étaient les premiers des grands architectes du moyen-âge. Voilà pour-
quoi je remercie Dieu de ces années inquiètes, *et au
milieu des terreurs d'une société qui crut périr, de m'avoir
engagé dans des études où je trouve la sécurité. J'apprends
à ne pas désespérer de mon siècle, en retournant à des épo-
ques plus menaçantes, en voyant quels périls a traversés
cette société chrétienne dont nous sommes les disciples, dont
nous saurions être au besoin les soldats.* Je ne ferme point les
yeux, sur les orages des temps présents ; je sais que j'y
peux périr...

C'est la doctrine du progrès par le christianisme que
j'essaye de ramener comme une consolation en des
jours inquiets.

Si la loi du progrès entraîne les intelligences, comment laisserait-elle les sociétés immobiles. Dans les
grands empires de l'Orient une autorité toute puissante
écrase les volontés. Là point de progrès parce qu'il n'y
a point de lutte. Au contraire la liberté agite les peuples de la Grèce, elle fait et défait des pouvoirs
aussi mobiles que les Dieux de l'Olympe, là le progrès
se soutient mal parce qu'il n'y a plus de règle. Il faut

que ces deux puissances nécessaires, l'autorité et la liberté se trouvent en présence à Rome, forte, l'une de la majesté du patriciat l'autre de la persévérance plébéienne. Il faut qu'elles entrent en lutte, mais dans une lutte contenue par la règle, et de ce combat nait le droit romain, le plus grand effort qu'ait fait l'antiquité pour réaliser sur la terre l'idéal de la justice. Mais cette justice admirable quand elle règlait les contrats se troublait tout-à-coup en disposant des personnes. Elle consacrait l'esclavage, elle établissait une espèce d'hommes qui n'avaient ni Dieu, ni famille, ni droit, ni devoir, ni conscience ! Je ne parle pas de la femme et de l'enfant, esclaves, domestiques, que le père de famille pouvait tuer ou vendre : voilà pour la justice. En ce qui touche la charité il est vrai que Cicéron en a prononcé le nom ; il a écrit le mot *caritas*, mais qu'il est loin de la réalité ?

Ce grand moraliste n'ose point condamner les combats des gladiateurs. Pline le jeune les loue, et Trajan le meilleur des princes, donna cent vingt-trois jours de fêtes, où dix mille combattants, s'entre égorgèrent pour le plaisir du peuple le plus policé du monde. On ne connait pas assez toute l'horreur de ces sociétés païennes, qui mêlaient aux plus délicates jouissances de l'esprit les derniers assaisonnements du sang et de la chair.

Ce fut le travail des temps chrétiens de faire vivre dans les âmes, et pénétrer dans les institutions deux sentiments sans lesquels il n'y a ni charité ni justice, je veux dire le respect de la liberté et le respect de la vie humaine. Le christianisme reconquiert la liberté de l'homme, non d'un seul coup, mais pied-à-pied ; il rend premièrement à l'esclave la conscience, qui fait de lui non plus une chose, mais une personne, qui lui donne des devoirs et par conséquent des droits. C'était détruire le fondement même de l'esclavage ; les siècles suivants en poursuivirent la ruine, ils l'achevèrent par la faveur attachée aux affranchissements, par la transformation de la servitude personnelle en servage de la terre, jusqu'à ce qu'une constitution du pape Alexandre III déclarât qu'ils n'y avait plus d'esclaves dans la société chrétienne. Il ne fallait ni moins de siècles, ni moins de génie et de courage pour rétablir le respect de la vie humaine. Le christianisme avait pu croire son œuvre presque achevée, quand les lois des empereurs chrétiens eurent puni le meurtre des enfants nouveaux nés, et supprimé les spectacles des gladiatenrs. C'est alors que paraissent les Barbares, apportant de leurs forêts deux soifs égales : celle de l'or et celle du sang. Ce ne sont plus seulement les peuples qui s'arment contre les peuples, mais les villes contre les villes, les châteaux contre les châteaux.

L'Eglise a beau se jeter éperdue au milieu de ces querelles en protestant qu'elle abhorre le sang « *ecclesia abhorret a sanguine.* » Les instincts de la barbarie éclatent au milieu des croisades, ils se déchaînent aux vêpres siciliennes. Voilà les résistances que l'Église avait à vaincre pour empêcher les hommes de s'entre-tuer ;

qu'était-ce pour les faire vivre, pour conserver l'enfant exposé, l'infirme, le vieillard inutile, toutes ces charges que rejette une société sans foi, et qui honorent une société chrétienne.

« L'humanité semble attirée irrésistiblement vers une perfection que jamais elle n'atteindra, mais dont chaque âge doit la rapprocher. »

« Dieu laisse les personnes maîtresses de leurs actes, mais il a la main sur les sociétés ; il ne souffre pas qu'elles s'écartent au-delà d'un point marqué, et c'est là qu'il les attend pour les reconduire, par un détour pénible et ténébreux, plus près de cette perfection qu'elles oublièrent un moment..... »

Ozanam.

Parmi les peuples qui ont joué un rôle dans l'histoire moderne, aucun peut-être n'est plus digne d'arrêter l'œil du philosophe que le peuple français. Aucun n'a reçu une destination plus marquée et des qualités plus évidemment faites pour la remplir. La France, telle qu'elle existait avant la révolution (personne ne connaît le sort qui l'attend pour l'avenir), était destinée à exercer sur toutes les parties de l'Europe la même suprématie que l'Europe exerce sur les autres contrées de l'univers.

Je doute que la nature ait fait autant pour aucun peuple. La France est placée au centre de l'Europe et

il lui est également aisé de se lier avec toutes les puissances environnantes et de rompre leur coalition. Placée
entre les deux mers, elle appelle le commerce de toutes
les nations, et ses flottes guerrières peuvent atteindre
et frapper partout avec une facilité et une célérité sans
égales. Il n'existe point de pays aussi bien défendu par
la nature et par l'art. L'Océan, la Méditerrannée, les
Alpes, les Pyrénées, et le Rhin ! Quels confins ! Et derrière ces remparts, voyez ce triple rang de citadel-
les redoutables élevées ou réparées par le génie de
Vauban dont l'ombre désolée gémit d'avoir travaillé
pour la Convention nationale.

Cherchez dans l'univers un Etat dont les différentes
parties aient une liaison aussi intime et forment un ensemble plus imposant. La France a tout à la fois la
masse et le volume ; il n'existe point en Europe de
corps politique plus nombreux, plus *compact*, plus diffi-
cile à entamer et dont le choc soit plus terrible. Sa po-
pulation est immense, ses productions infiniment nombreuses et non moins diversifiées. Ses richesses ne
tiennent ni à la mode ni à l'opinion ; ses vins, ses hui-
les, ses bois, ses sels, ses chanvres, etc., la rendent
iudépendante des autres peuples qui cependant sont
obligés de lui payer tribut. Et comme si n'était pas assez des richesses naturelles, elle a reçu encore le sceptre
de la mode, afin que, régnant également sur les besoins
et sur les fantaisies, il ne manque rien à son empire.

Des fleuves superbes sillonnent ce vaste royaume et

communiquent entre eux par une foule de rivières navigables qui coulent dans tous les sens et dont les ramifications infinies semblent arrangées par la main d'un ingénieur. Catherine de Médicis n'exagérait pas beaucoup lorsqu'elle disait que la France possédait à elle seule autant de rivières navigables que tout le reste de l'Europe (1).

Ce peuple serait terrible pour les autres s'il pouvait être conquérant ; mais il n'a point reçu cette mission. Invincible dans ses foyers, s'il porte ses armes chez les nations étrangères, on voit ses armées, victimes de leurs propres victoires et des vices du caractère national, se fondre et disparaître à l'œil étonné, comme une vapeur légère (2).

(1) *Unde Catharina Medicœa Regina Franciœ solita erat dicere, in regno suo plura navigabilia flumina esse quam in reliqua Europa : quœ hyperbole à rei veritate non multum abludit.* (V. *Galliœ descriptio ex probatissimis quibusque scriptoribus collecta.* Elzevir 1669.)

(2) *Gens armis strenua... indomitœ intra se molis ; at ubi in exteros exundat, statim impetus sui oblita : eo modo nec diu externum imperium tenuit, et sola est in exitium sui potens... Longobardiam, Neapolim, Siciliam et plerasque alias per orbem terrarum provincias, frequentibus victoriis subegere, sed... per vitia cessere in prædam his ipsis de quibus triumphabant ; lœta semper bellorum initia atroci exitu corrumpentes.* (Jo. Barclaii Icon animorum. Cap. 3.)

En méditant ces vérités si frappantes et si bien exprimées, on se convaincra que l'influence politique de la France était fort utile à l'Europe en ce qu'elle suffisait pour maintenir l'équilibre général, et non pour le troubler d'une manière sensible. Les vices mêmes des Français ôtaient à cette influence ce qu'elle pouvait avoir de dangereux. Si l'Europe reprend son assiette précédente, elle perdrait infiniment à voir substituer à cette influence celle d'autres nations plus calmes, plus réfléchies, plus obstinées, plus capables d'être conquérantes. Mais dans l'état actuel des choses la sagesse consiste à ne rien prédire.

Le Français n'est pas fait pour retenir une conquête : son caractère seul la lui arrache, sur quoi l'*Ami des hommes* a dit assez plaisamment que « les guerriers qui « parviennent à chasser les Français d'un pays conquis « peuvent prendre place au temple de mémoire à côté « des oies du Capitole (1).

Mais si les Français ne peuvent dominer par les armes les nations étrangères, ils ont exercé sur elles dans tous les temps une autre espèce de domination bien plus honorable, c'est celle de l'opinion. Du moment où ce peuple fut réuni en corps de nation, il fixa les yeux de l'univers, et l'étonna par un caractère brillant qni fut toujours envié. Charlemagne fut le Sésostris du moyen âge ; ses paladins firent une telle impression sur l'imagination des peuples qu'ils devinrent les objets d'une espèce mythologie particulière ; et les Rolands et les Amadis furent pour nos pères ce que Thésée et Hercule furent pour les anciens Grecs.

Pour exercer l'espèce de suprématie qui lui appartient, la France a reçu une langue dominatrice dont le caractère caché est encore un mystère, malgré tout ce qu'on a dit sur ce sujet. Ceux qui nient la supériorité de la langue française admettent précisément un effet sans cause : je ne vois pas en effet qu'il y ait rien à répondre à l'expérience. Avant même que cette langue se fût illustrée par des chefs-d'œuvre dans tous les genres,

(1) *Ami des hommes*, Tom. II, chap,...

l'Europe en pressentait la supérériorité : on l'aimait, et c'était un honneur de la parler. Aujourd'hui son règne, devenu si funeste, n'est que trop incontestable : on a dit mille fois que la langue française est dure et rebelle, et l'on a dit vrai ; mais si l'on croit ainsi en faire la critique, on se. trompe fort : semblable à l'acier, le plus intraitable des métaux, mais celui de tous qui reçoit le plus beau poli lorsque l'art est parvenu à le dompter, la langue française, traitée et dominée par les véritables artistes, reçoit entre les mains les formes les plus durables et les plus brillantes. Ce qu'on appelle précisément l'art de la parole est éminemment le talent des Français, et c'est par l'art de la parole qu'on règne sur les hommes. Quelqu'un a dit qu'une pensée n'appartient jamais à l'univers avant qu'un écrivain de génie s'en soit emparé et l'ait revêtue d'une expression heureuse. Rien de mieux dit ; et voilà précisément la source de l'influence française : c'est que les écrivains de cette nation expriment les choses mieux que ceux de toute autre nation, et font circuler leurs pensées dans toute l'Europe en moins de temps qu'il n'en faut à un écrivain d'un autre pays pour faire connaître les siennes dans sa province. C'est ce talent, cette qualité distinctive, ce don extraordinaire qui avait rendu les Français les distributeurs de la renommée. L'amour-propre, plus habile et plus fort que l'orgueil national, avait révélé cette vérité aux hommes célèbres de toutes les parties du monde qui ambitionnaient tous, plus ou

moins ouvertement l'approbation des Français, parce
qu'ils ne pouvaient se cacher qu'ils étaient condamnés à
une réputation locale jusqu'au moment où Paris consen-
tirait à les célébrer. Je ne sais si l'on a observé que la
littérature anglaise doit toute sa célébrité aux Français,
et qu'elle était parfaitement inconnue au reste de l'Europe avant que la France se fût engouée des productions littéraires de sa rivale. Le siége de cette langue se
trouvant placé entre le Nord et le Midi, elle se prête
sans trop de difficulté aux organes des autres peuples
et devient pour eux un truchement universel et indis-
pensable pour le commerce des pensées.

Avec cette langue *moyenne*, les Français ont reçu de
la nature un autre avantage analogue : c'est celui d'un
goût qui convient à tout l'univers. On trouvera sans
doute chez les écrivains étrangers des traits égaux, supérieurs même en beauté, à tout ce que la France a
produit de mieux ; mais ce n'est pas par des traits, c'est
par l'ensemble qu'on frappe. Les écrivains français
pourraient au reste produire très-aisément de ces sortes
de traits ; et si on les rencontre moins fréquemment
chez eux, c'est qu'ils ne se livrent à l'enthousiasme
qu'avec une hardiesse timide qui veut bien être trans-
portée, mais jamais emportée : c'est là le grand secret
du goût : car ce qui n'atteint pas le sublime peut encore
être une beauté. mais ce qui le dépasse est à coup sûr
une sottise. L'art de dire ce qu'il faut et quand il faut,
n'appartient qu'aux Français ; la méthode et l'ordon-

nance sont leurs qualités distinctives ; et ces hommes si légers, si impétueux, si pressés d'arriver, sont les plus sages la plume à la main. Chez eux vous ne trouverez rien de dur ni d'outré, rien d'obscur ni de deplacé. Constamment élégants et éloquents quand il le faut, le trait le plus saillant ne saurait obtenir grâce pour une platitude, et le mérite des pensées ne peut racheter le défaut du style. *Il écrit mal :* voilà la faute irrémissible, le reproche mortel pour le philosophe, comme pour le poëte ou le romancier. On a blâmé quelquefois cette dé-délicatesse des Français, mais c'est encore une erreur : cette délicatesse devait entrer dans le caractère de la nation faite pour régner sur l'opinion par ses écrits.

Dans tous les genres d'éloquence les Français n'ont point de rivaux. Celle du barreau, qui a produit chez eux des chefs-d'œuvre du premier ordre, n'existe pas ailleurs. L'Italie et l'Espagne, si religieuses, et maîtres-ses de deux langues si sonores, n'ont jamais pu enfanter un sermon que l'Europe ait voulu lire. Hume, qu'on ne peut récuser, dit, quelque part, qu'il a honte d'avouer qu'un avocat français plaidant pour la restitution d'un cheval est plus éloquent que les orateurs de la Grande-Bretagne agitant les plus graves intérêts de la nation daus les Chambres du Parlement. Le talent inappré-ciable dont je parle est si particulièrement l'apanage des Français qu'il ne les abandonne jamais, pas même dans les occasions où il abandonne tous les autres hommes. Les sciences les plus tristes n'ont point d'épines qu'ils ne sachent élaguer : physique, histoire naturelle, astronomie, métaphysique, érudition, politique, ils ont tout expliqué, tout embelli, tout mis à la porté du bon sens ordinaire; et peut-être qu'on ne sait bien une chose en Europe que lorsque les Français l'ont expliquée. L'éloquence appliquée aux objets les plus sérieux et l'art de tout éclaircir sont les deux grands talents de cette nation. La masse des hommes continuellement repoussée du sanctuaire des sciences par le style dur et le goût détestable des ouvrages scientifiques produits par les autres nations, ne résiste pas à la séduction du style et de la méthode française. A peine le génie étranger a-t-il enfanté quelque chose d'intéressant, que l'art français s'empare de la découverte, la tourmente de mille manières, la force de recevoir des formes dont elle s'étonne et s'enorgueillit, et l'envoie dans tout l'univers sur les ailes de la langue universelle; ces livres vont chercher les germes du talent, épars sur le globe, les échauffent, les fécondent et les conduisent à la maturité. Ils apprennent peu de choses aux véritables savants; mais, ce qui vaut bien mieux, ils les font naître.

L'expérience de tous les temps ne laisse aucun doute sur l'empire que la France a toujours exercé sur l'opinion. Mais aujourd'hui cette influence est si frappante et l'Europe la paie si cher qu'il n'est plus possible de disputer snr ce point. N'est-ce pas un phénomène incroyable que des hommes essentiellement médiocres pris un à un, et dont le plus habile a des milliers de supérieurs dans l'univers ; que des hommes sans éducation et sans expérience, éloignés par état de toutes les grands affaires, réunis tout à coup, et forts par le contact comme les lames d'un aimant artificiel qui tirent toute leur force de la réunion, soient parvenus en cinq ans à donner à tous les peuples de l'Europe la commotion la plus effrayante ? On dira, peut-être que ces hommes ne doivent leurs succès qu'à la nature des dogmes qu'ils prêchent, et qui sont, pour notre malheur. trop séduisants pour le cœur humain. Mais n'y a-t-il donc jamais eu dans l'univers de révoltes ni de trônes renversés avant la révolution de France ? Celle qui coûta la tête au malheureux Charles Ier vit éclore les mêmes systèmes, les mêmes exagérations et les mêmes fureurs. Les pamphlets démocratiques qui parurent à cette époque ne pourraient peut-être pas tenir dans la salle de Westminster ; mais les *têtes rondes* et les *égaliseurs* d'alors n'avaient point l'influence des Jacobins ; et les autres peuples, spectateurs paisibles de la tragédie qu'on jouait à Londres, ne purent recevoir le poison du fanatisme qui bouleversait l'Angleterre.

Aujourd'hui, l'Europe est agitée parce que ces mêmes systèmes sont prêchés par des Français, et que lorsqu'on prêche en français, l'Europe écoute et comprend.

J. DE MAISTRE,
Œuvres inédites.

Le correspondant du *Daily Telegraph* au quartier général du roi Guillaume expose longuement les divergences d'opinion qui existent entre le comte de Moltke et le comte de Bismark (1).

« Le premier, dit-il, voudrait priver la France de tout moyen de nuire à ses voisins pendant cinquante ans. Il voudrait lui prendre sa flotte, désarmer son armée, en ne lui laissant point d'arme plus dangereuse qu'une canne. Il voudrait occuper le pays des Alpes aux Pyrénées, de la Normandie à la Provence ; il voudrait détruire les places fortes, anéantir toutes les armes, et charger le peuple d'une contribution de guerre si lourde que la situation financière de la nation pendant des années serait aussi misérable que sa position politique en Europe. Il voudrait réduire la France à être une puissance de troisième ordre en la laissant appauvrie et sans défense. Il ne croit pas à la possibilité de la régénération de la France; les éléments en sont trop mauvais, etc. »

M. de Bismark, de son côté, dit :

« J'admets la nécessité d'humilier la France, de diminuer ses ressources, et avant tout de nous garantir solidement contre ses futures agressions et contre son intervention dans nos affaires intérieures ; mais je ne crois pas utile de la ruiner ou de pousser son peuple au désespoir.

---

(1) *L'homme de Versailles* étant la réponse d'une âme française, chrétienne et indignée, à la lecture d'un article du *Daily Telegraph* daté de Versailles, il est essentiel que le lecteur veuille bien relire ces lignes qui sont la pensée intime des spoliateurs de la France, afin de comprendre la brochure qui lui est offerte.

N'oubliez pas que cette guerre doit avoir une fin et lorsque cette fin arrivera, nous serons obligés d'adopter un
modus vivendi avec ce peuple, de faire du commerce avec
lui et de rétablir une foule de relations indispensables
aux rapports des nations civilisées, bien qu'elles aient été
brisées temporairement par cette guerre.

» Il faut que nous prenions Paris sans doute, et nous
le prendrons ; mais une fois ce triomphe obtenu, il faut
faire la paix sans le moindre délai, et si cela est possible,
à des conditions qui paraissent justes et acceptables au
monde civilisé. Nous ne pouvons prendre un avantage
illicite de notre force supérieure, en convertissant une
punition méritée en une vengeance sans merci. Il faut
qu'on nous rembourse nos dépenses de guerre jusqu'au
dernier sou ; mais ruiner la France n'est peut-être pas le
moyen le plus pratique de rentrer dans nos fonds. Que
nos succès ne nous aveuglent point. Nous ne pouvons
nous annexer la France, et nous n'avons pas le droit de
sévir contre elle au delà d'une certaine mesure. Arran-
geons nos affaires avec la France de façon que, pendant
une longue période à venir, nous puissions nous occuper
exclusivement de notre organisation intérieure.

» Finissons-en avec un état de choses qui, déjà fort
embarrassant, deviendra bientôt insupportable. De lon-
gues guerres ne sont en harmonie ni avec notre caractère, ni avec notre système militaire ; prenons garde, en
ruinant les autres, d'attirer des maux incurables sur
nous-mêmes. Les Français ont déjà souffert terriblement

3.

dans leurs intérêts matériels et dans leur prestige. Quand nous aurons pris Paris, tâchons de les aider à sortir de leurs embarras plutôt que de les laisser s'enfoncer davantage dans la boue. Ainsi nous sortirons de la lutte à notre honneur, avec un réel agrandissement de gloire ; aucun doigt ne sera levé contre nous, comme signe de reproche. »

Puis la guerre des Riverains du Rhin ?

Est-il Allemand ou Franco-Germain, ce grand fleuve sur ses deux bords tant disputés ?

Chaque siècle le voit passer de la Gaule à la Germanie, de l'Allemagne à la France, et le sort des armes reste impuissant à trancher d'une manière absolue cette question terrible.

Quand donc la Providence inspirera-t-elle aux peuples et aux rois l'esprit d'équité pour terminer cette division sanglante?

La troisième guerre, conséquence fatale des deux premières, est celle des intelligences arrachées aux bienfaits des progrès et du retour inévitable aux ténèbres de la barbarie, et Dieu seul encore peut mettre un terme aux déchirements.

Les Vendéens font parler d'eux. Ils sont aux avant-postes, ils éclairent l'armée, ils tiennent l'ennemi en respect, enlèvent ses convois, tuent et prennent chaque jour des hommes et des chevaux. A la hauteur du grand nom de leurs pères, les soldats de Charette et de Cathelineau soutiennent la gloire des QUATORZE SIÈCLES, que M. Gambetta a dû rappeler l'autre jour à Nouvelle France.

J'ai eu la bonne fortune de me rencontrer avec l'aide de camp de M. de Cathelineau, M. Viale, digne aide d'un tel chef, et j'ai recueilli de sa bouche des détails du plus vif intérêt. L'un des faits qu'il m'a contés m'a frappé particulièrement : je veux le faire connaître au public, parce qu'il est d'une beauté grandiose, et propre, ce me semble, à éclairer certains points de la situation.

Ces jours derniers, les Vendéens se rencontrèrent avec une troupe prussienne. Les Prussiens étaient trois mille, les Vendéens étaient cinq cents. Les deux corps se trouvaient sur deux hauteurs voisines, à huit cents mètres l'un de l'autre. Après quelques instants de délibération, les Vendéens résolurent l'attaque. Quand le signal fut donné, l'aumônier parut et se dressant au milieu de ces hommes qui allaient jouer leur vie : « Mes enfants, leur dit-il, voici l'heure ! à genoux ! recommandez votre âme à Dieu ! je vais vous donner l'absolution ! » Et puis d'un grand geste solennel, étendant la main au-dessus des soldats prosternés, le prêtre prononce les paroles sacramentelles : *Ego vos absolvo !*

Ce fut notre Thabor, disait le narrateur ; nous nous relevâmes transfigurés. « En avant, » cria le chef. Tous partirent d'un seul élan, les cavaliers ventre à terre, les fantassins au pas de course. Mais les Prussiens ne les attendirent pas ; ils avaient vu le mouvement, le prosternement de tous ces hommes, la prière du prêtre, et devinant à qui ils avaient affaire, ils préférèrent décamper.

Le souvenir leur en est resté, et partout où ils vont, leur premier soin est de demander aux paysans : *Où sont les Vendécns ?*

Moralité :

Qu'on trouve cent mille homme pareils aux Vendéens, et les Prussiens auront leur compte, en dépit des Bibles dont, au dire de M. Viale, ils ont soin de se munir.

NOTES.

On s'accorde universellement, dit le plus avoué des écrivains (François Hermman), a reconnaître parmi les descendants de Japhet en Europe, les Grecs et les Romains, les Germains, les Celtes, les Scandinaves, les Slaves; la race de Japhet est donc celle à laquelle nous appartenons; c'est la race noble par excellence, celle qui chaque jour s'avance encore vers la souveraineté universelle.

On a pu comprendre dans une appellation commune *de nations latines*, celles chez lesquelles la langue des Romains et des Grecs est restée en honneur, en usage, et qui ont reçu dans leur idiome les traditions de l'antiquité.

Il y a lieu de soupçonner que l'on cherche encore en ceci une injure à l'Église, une attaque à sa gloire, la rendant responsable de tout amoindrissement éprouvé par une nation catholique, parce que dans les vues des esprits hostiles au catholicisme, ses dogmes, sa morale et ses doctrines doivent abaisser le genre humain.

Si jamais, ce dont le ciel nous garde, la révolution générale qui menace le monde amenait une guerre de religion, on verrait bien si les fils de Japhet, soit Germains, Celtes, Grecs ou Romains, frères en la foi, trembleraient devant les ennemis du progrès évangélique, devant les hommes qui abandonnant les gloires de leur origine se font descendants de Cham, au front humilié, au lieu de rester de la race progressive par excellence.

En effet pour bien voir les événements du moment présent, il faut regarder de haut l'horizon du théâtre de ces sanglantes évolutions.

La guerre Mazinienne ou révolution dont les honteuses hostilités se composent de trahison, de félonie, des injures, de l'impiété.

Celle-là vient de prendre Rome !

Ces troupes menacent à la fois la royauté, l'autorité, l'ordre, tout ce qui est grand et saint, et porteront successivement leurs coups partout si Dieu ne les arrête.

NOTE DE LA DERNIÈRE HEURE.

Au moment de faire paraître cette petite brochure dont le but est de démontrer avec plus de foi que de talent, le fatal aveuglement de *l'homme de Versailles*, et l'intervention manifeste de la puissance Divine à travers ces catastrophes qui frappent d'épouvante la raison humaine et déjouent tous ses calculs, une immense rumeur s'élève de l'Orient !

La nouvelle attitude de la Russie nous fait pressentir que nous avions malheureusement bien compris dans quels périls insondables les ambitions allemandes ont jeté les sociétés civilisées.

Plus que jamais les souverains de la terre semblent frappés de démence !

Dieu appesantit sur leurs yeux le bandeau de l'aveuglement, et s'il laisse à l'homme son libre arbitre, lorsqu'il veut châtier ou ramener les peuples, il laisse le vertige de l'ambition s'emparer de leurs chefs.

Aux Belges.

Un appel à l'équité ne reste jamais stérile sur ta terre hospitalière, et si la nature, en te plaçant entre de formidables voisins, t'a fait une loi de ta sage neutralité, ton âme n'en vibre pas moins fort sous l'empire de sentiments généreux.

Tandis que d'autres attendent de toi le concours de tes exemples et de tes lumières, permets-moi de te demander tes prières.

Belgique catholique, toi qui as su donner ton sang et faire entendre ta voix en faveur du Chef de ton Église, prie pour tous !

Prie avec la même énergie virile, la même abnégation sainte, le même infatigable dévouement que tu as trouvé pour panser les blessures de deux combattants aveuglés ; prie pour que leurs passions soient calmées, leurs cœurs attendris, leurs âmes éclairées, et que Dieu leur pardonne le sang innocent qu'ils font couler chaque jour.

Aux Français.

Je n'ose te parler de paix à toi qui souffres les insultes, les ravages, les massacres et toutes les horreurs de la guerre d'invasion.

Justement indigné, tu t'es levé pour venger ton honneur? Tu dois avoir appris de tes malheurs la force de les réparer? Tu dois avoir enfin reconnu celui qui réclame sa dette? Tu as refusé d'écouter les prophètes que dans sa bonté il ne cessait de t'envoyer, et tu as amassé sur ta tête les colères divines.

Cesse donc de rire et de blasphémer, et agenouille toi sans honte avant d'aller au combat, comme tes fils de Bretagne et de Vendée viennent d'en donner l'exemple au monde.

L'heure n'est pas éloignée peut-être où Dieu touché de ton humiliation volontaire, te relèvera de ton opprobre !

Aux Allemands.

Laisse-moi te dire avant de te quitter toi en qui hélas !
il me faut voir un ennemi, après t'avoir si longtemps
considéré comme une intelligence, sœur de la mienne, et
l'alliée préférée de ma pensée ; laisse-moi te dire encore,
n'attends pas pour nous aider à panser les plaies dont
ta main fratricide vient de nous accabler, que ton roi
aveuglé, fasse de notre Paris le tombeau de son honneur
et la honte de la civilisation.

Toutes les pierres de nos édifices, toutes les voix des
fêtes passées, tous les échos de notre grande cité se
levraient pour te reprocher ta sauvage ingratitude, si tu
devais entrer en conquérant dans ce Paris qui te faisait
naguère un si brillant accueil.

Nos rues, nos places, nos promenades, l'air, la nuit,
la lumière ont gardé si fidèlement le souvenir de ta visite
de 1866, que ton cœur fut-il de granit, ton esprit plus
léger que le vent, je te défie de l'avoir oubliée.